ADVIS

DE
L'AME DV MARESCHAL
D'ANCRE,

A L'ESPRIT
DV CARDINAL
MAZARIN.

Touchant la resolution qu'il doit prendre
sur les troubles qu'il a nouuellement
suscitez en France.

*Les veritables morts en la grace conseilloient Saül pour le
perdre, veu qu'il auoit mis toute sa confience en des hommes vaillans & aguerris, & qu'il ne consultoit que des
Demons & des Sorcieres. 1. Sam. 13. 2. 28. 7. & 8.*

A PARIS,

Chez PIERRE VARIQVET, ruë S. Iean de Latran,
deuant le College Royal.

____

M. DC. XLIX.

AVEC PERMISSION.

Conchino de Conchiniui Visconte de la Penne Marquis Dancre
Baron de Lisigni Marechal de France. Gouuerneur pour Sa
Maieste des Villes et Citadelles d'Amiens, Perone, Roye, et Mondidier.

B. Montornet excudit cum Priuilegio Regis

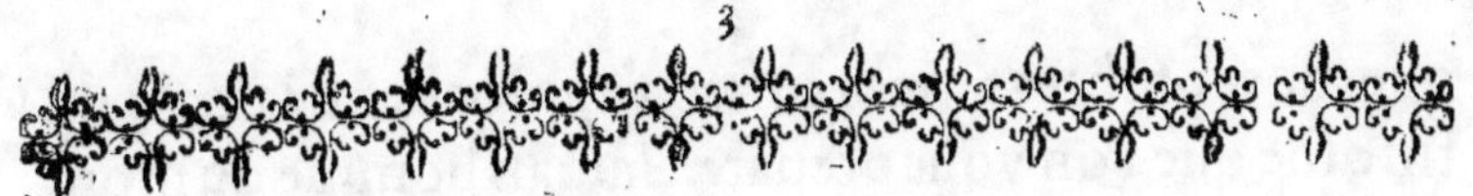

ADVIS DE L'AME DV
Mareschal d'Ancre, à l'Esprit du Cardinal Mazarin.

Touchant la resolution qu'il doit prendre sur les troubles qu'il a nouuellement suscitez en France.

Les veritables Morts en la grace conseilloient Saül pour le perdre, veu qu'il auoit mis toute sa confience en des hommes vaillans & aguerris, & qu'il ne consultoit que des Demons & des Sorcieres. 1. Sam. 13. 2. 28. 7. & 8.

MONSIEVR,

Voftre renommée ne se contente pas d'enuironner toute la terre, ainsi que celle d'Alexandre. Le vague de l'air faitvanité de la contenir : & les espaces imaginaires l'attendent auec des impatiences extremes. Pluton, Proserpine, & toutes les Manes de cét Empire ne s'entretiennent plus que de vos exploits, ny ne s'occupent plus qu'à vous preparer icy bas, vne eternelle demeure. Il n'est pas iusques à la moindre des Furies qui ne souhaite auoir l'honneur de vous voir, & de vous consacrer ses veilles & ses soins, auec des impatiences extremes. La seule Nourrice de noftre Souuerain en sera bannie pour voftre respect ; & le Dieu du mont Gibel son Neueu sera continuellement autour de vous, afin d'empescher

A ij

que nos ombres tenebreuses n'approchent iamais du
throfne que l'on vous prepare. Iamais homme du monde n'a mieux merité de si dignes accueils, ny iamais am-
bitieux n'y fut mieux receu, qu'on espere d'y receuoir
voftre Eminence. Vous y trouuerez vn nombre infi-
ny de personnes qui vous entretiendront des affaires
d'Eftat '& des profperitez malheureuses. Vous y ver-
rez des Princes turbulens & des Reynes paffionnées.
Vous y rencontrerez des Tyrans, des Perturbateurs du
repos public, & des Sangfues vniuerfelles. En vn mot,
vous y trouuerez des Amoureux languiffans, des Gar-
ces, & des Filoux, capables de vous diuertir & d'entre-
tenir vos penfées. Les François font des Peuples auffi
ingrats, que la Nature en fçache produire. Gregoire
de Tours dit que leur origine vient des Hongres, Diodore, Vigilence les font fortir de Franconie, contrée
d'Alemagne. Amian, Marcelin, & Tacite, veulent
qu'ils foient naturellement François: Mais quoy qu'il
en foit, & les vns & les autres nous affeurent qu'ils font
médifans, glorieux, de grand efprit, inconftans, &
fort propres aux armes. Tite-Liue, Diodore, Plutar-
que, & Iules Cefar les preferent en valeur à toutes les
autres Nations de la terre. Si cela eft, n'efperez pas d'en
receuoir vn traittement plus fauorable que ceux qui les
ont obligez en tout ce qui leur a efté poffible. Que
n'ay-je pas fait pour ce Peuple Ingrat & Barbare, lors
que ie gouuernois les affaires de leur Monarchie, fous
la Regence d'vne tres-Augufte Princeffe comme la voftre? Vous pouuez auoir fceu de l'Hiftoire les feruices
que ie leur ay rendus, & de quelle forte ils ont recom-

penfez

penſez mes trauaux & les graces que ie leur ay faites.
Comme ils virent que i'eſtois ſi eleué dans les Charges & dans les Honneurs, par les Liberalitez de cette
digne Maiſtreſſe : & que mes intereſts eſtoient telle-
ment attachez aux ſiens, qu'on ne pouuoit conſpirer contre l'vn, ſans tenter à la perte de l'autre, ils
vindrent malheureuſement m'aſſaſſiner dans vn lieu,
où le plus criminel des hommes, deuroit trouuer
ſon refuge. Voyez apres cela de grace, ſi ie dois
parler en leur faueur, ou ſi ie dois conſpirer leur perte. Il me ſemble en ſuitte de ce diſcours, que ie ne
vous dois pas eſtre ſuſpect, contre la fureur d'vne
Nation, qui m'a traitté auec des ignominies & des
cruautez execrables. Examinez bien ce que ie viens
de dire ie vous en ſupplie. Ces Peuples comme medi-
ſans, s'exerceront continuellement à noircir voſtre
renommée, ſans que vous en puiſſiez iamais éuiter
les traits : Comme glorieux, vous en ſerez touſiours
meſpriſé : Comme gens d'eſprit, ils s'oppoſeront inceſſamment à toutes vos entrepriſes : Comme incon-
ſtans, vous ne ſçauriez en façon quelconque vous
aſſeurer de leur fidelité : Et comme les plus valeureux
Peuples que le Ciel ait veu naiſtre, vous eſtes aſſeuré
de voſtre perte, ſi vous refuſez mon conſeil, noſtre
protection, & l'aſile que noſtre inuincible Monar-
que vous offre. Si vous ſouhaitez des Tiares & des
Couronnes, vous n'en ſçauriez trouuer en part du
monde, ny de ſi ſuperbes ny de ſi magnifiques que
les noſtres. Si vous voulez des Charges, des Honneurs, & des Dignitez, tout l'Vniuers enſemble ne

vous en ſçauroit fournir ny de ſi nobles, ny de ſi ex-
cellentes, que celles que l'on vous reſerue dans cette
illuſtre demeure. Si vous deſirez des richeſſes, noſtre
Empire en eſt le centre, & noſtre Dieu la circonfe-
rence. Pluton & cette terreſtre demeure vous en
fourniront plus que tout le reſte de la terre. Ce que
vous auez enuoyé à Rome & à Veniſe, n'eſt pas digne d'eſtre conſideré au reſpect de ce que l'on vous
offre. Si vous aimez les femmes, c'eſt icy la demeure des objets les plus rauiſſans que la Nature ait ſceu
former pour ſe plaire: Si vous auez de la paſſion pour
les cartes, pour les dez, pour la bonne chere, & pour
la comedie, tout cela n'eſt icy bas que le diuertiſſe-
ment ordinaire de toutes nos contrées. Et ſçachez
qu'il n'eſt point d'homme ſi conſiderable en quelque
profeſſion que ce puiſſe eſtre, qu'il ne ſoit attiré dans
ce ſeiour eternel par le deſir d'auoir de l'honneur, du
plaiſir & des richeſſes. Si vous ne ſouhaitez pas de
ruiner entierement les affaires de la plus vertueuſe
Princeſſe du monde, ie vous conſeille de ſuiure mes
ſentimens, & de chercher genereuſement le pluſtoſt
qu'il vous ſera poſſible, les moyens de venir chez
nous, où vous ſerez aſſeuré d'eſtre à couuert de leurs
reuers & de leurs calomnies, ſi vous ne voulez pas
qu'on vous y traine de force. Licambe fils de Neo-
bule, pouſſé d'vn eſtrange deſeſpoir à fuir les traits
d'vne mediſance continuelle, fut genereuſement ſe
pendre de rage, pour des ſujets de moindre impor-
tance. Critolaüs Capitaine Gregois, ne fit pas diffi-
culté de s'empoiſonner ſoy-meſme, afin d'euiter la

fureur de ſes ennemis. Porcia fille de Caton d'Vti-
que, aima mille fois mieux s'eſtouffer auec des char-
bons ardans, que de ſuruiure à ſes diſgraces. Arria
& Sextilia, la premiere, femme de Cecinna, & l'autre de Scaurus, ſe donnerent librement la mort, pour
encourager leurs maris à ſe tirer du miſerable eſtat où
leur deſtin les auoit precipitez, & pour leur montrer
comme ils deuoient faire. Et vous voudriez apres
cela meſpriſer l'azile que nous vous offrons, & faire
voir à la face de tout l'Vniuers que voſtre generoſité
ſeroit au deſſous d'vn ſexe ſi fragile. Si cela eſtoit,
vous ſeriez bien eſloigné de faire comme Marcus,
Androclée, Macaire, & pluſieurs autres, qui ſe ſacri-
fierent librement, pour la gloire du païs, & pour le
ſalut de la Patrie. Reſoluez vous donc franchement
d'obeïr aux volontez d'vn ſort ſi abſolu que le noſtre. Nemeſis vengereſſe des forfaits eſt vne Deeſſe
qui ne pardonne iamais rien, & qui rend toſt ou tard
à chacun ce qui luy appartient, auec vſure. Apries
Roy d'Egypte & dernier des Pharaons, auoit beau ſe
declarer & contre les Dieux & contre les Hommes,
& s'eſtudier à ſe mettre à l'abry des outrages de la for-
tune, Amaſis ſon Sujet, ne laiſſa pas de l'eſtrangler
au milieu de tous ceux qui veilloient inceſſamment
autour de luy pour la garde de ſa perſonne. Vous
ſçauez bien que Salmonée Roy d'Elide, fut à la fin
foudroyé de Iupiter pour des crimes ſemblables aux
voſtres. Ne vous imaginez pas que ces trois Deeſſes
qui preſident ſouuerainement à la deſtinée des hommes, & qui diſpoſent abſolument du ſort des hu-

mains , deuident le ploton qu'elles ont fillé pour
vous qu'à leur fantaifie. Les plus grands Monarques
de la terre ne fçauroient euiter l'arreft que le Ciel a
donné contre eux , non plus que vous , ny fuir en au-
cune façon aux decrets de fa toute-puiffance. Altée
irritée contre voftre perfonne, à caufe des feditions
que vous auez fomentées parmy vn peuple , que
Louis X I I I. furnommé le lufte à iufte titre, a laiffé
fous la protection de la Vierge, vient de confacrer
le tifon de voftre fatalité , aux feux inextinguibles
de cét Empire. Receuez donc de grace mes aduis &
les executez le pluftoft qu'il vous fera poffible , comme venans de la part d'vn efprit qui fe declare pour
vous, & qui veut eftre eternellement voftre.

F I N.